Im Namen Gottes, des Gnädigen, des Allbarmherzigen

Alles Lob gehört Allah, dem Herrn der Welten

Inhalt

Vorwort

Gottes Wesen und Einheit

Gottes Engel, Bücher und Gesandte

Gottes Werk und die Bestimmung

Gottesdienst und gute Werke

Vom Glauben und vom Leugnen

Vom Diesseits

Vom Jenseits

Gebete

VORWORT

Alles Lob gebührt Allah, dem Erhabenen, Der Himmel und Erde in sechs Tagen erschaffen und Sich niemals von Seiner Schöpfung abgewandt hat. Ihm gehört die Herrschaft im Diesseits und im Jenseits.
Gepriesen sei Er, Der den Menschen einst aus Lehm gemacht und unter seiner Nachkommenschaft edle Gesandte erweckt hat.
Frieden und Segnungen Allahs seien auf dem letzten Seiner Gesandten, Muhammad, und auf den Gesandten und Propheten allesamt.

Viele Jahre des Denkens und Dichtens stecken in diesem kleinen Buch, welches nicht zuletzt mein bescheidener Beitrag zur Bekanntmachung des Islam unter Nichtmuslimen darstellen soll. Aber vielmehr sollen meine muslimischen Brüder und Schwestern Freude und Gefallen daran finden, den wichtigsten Teil ihres Lebens, den Islam, gedichtet vorzufinden.

Das Gedicht war immer schon ein geeignetes und harmonisches Mittel des Erzählens und des Lehrens gewesen und so war es von Beginn an mein Anliegen, ohne gefühlvolle Ausbrüche, zu denen viele Dichter oft neigen, wesentliche Inhalte der Religion des Islam wiederzugeben und mich dabei vornehmlich an den unnachahmlichen Versen des Qur'an und den Aussprüchen des Propheten zu orientieren und mich von diesen und der islamischen Denkweise allgemein inspirieren zu lassen.

Was die Gedichte anbelangt, denen Qur'anverse zugrunde liegen, so habe ich mich bemüht, auf diese in den Fußnoten zu verweisen.

Ich habe weitgehend bis auf wenige Ausnahmen davon abgesehen, arabische Worte in die Gedichte einzubauen, vor allem weil es dem Fluss der Worte und der einem jeden Gedicht innewohnenden Melodie hinderlich ist.

Außerdem möchte ich dieses Vorwort nutzen, denjenigen einen Dank auszusprechen, die mich dazu ermutigt haben, dieses Buch zu schreiben und zu einem Ende zu bringen. Ein besonderer Dank gebührt hier meiner geliebten Weggefährtin und Ehefrau, Fatima.

Was Sie auf den anschließenden Seiten lesen werden, ist ein Werk von Menschenhand und es werden sich gewiss Mängel und Fehler (inhaltlicher wie auch formaler Natur) darin finden lassen, die ich Sie mir zu entschuldigen bitte.

Und Gottes Wohlgefallen ist das Höchste.

Ramadan 1435 n.H.

Gottes Wesen und Einheit

Er ist Allah, der Eine,
bedürfnislos und reich;
Familie hat Er keine,
nicht einer ist Ihm gleich.[1]

Nicht können Augen Ihn erkennen,
doch wohl erfasst Er alle Blicke;
in keinem Augenblicke ist zu trennen
Sein Wunsch von unserem Geschicke.[2]

Wir brauchen Gott in allem
das ganze Leben lang -
und nur Sein Wohlgefallen
wir sollten streben an.

Er schuf die Himmel und die Erde in sechs Zeiten,
und daraufhin bestieg Er Seinen Königsthron;
Er kennt der Schöpfung Treiben und alle ihre Seiten;
Wo ihr euch hinbewegt - dort wahrlich ist Er schon.[3]

---

1   Sure 114, Vers 1-4
2   Sure 6, Vers 103
3   Sure 57, Vers 4

*Ihm gehören Himmel und die Welt,
und euer Innerstes versteckt sich vor Ihm nicht;
Er wird vergeben oder strafen, wie es Ihm gefällt,
und gegen Ihn hat keine Kraft Gewicht.*[4]

*Gott übertrifft die Schönheit von allen -
und so wird Ihm wohl jede Schönheit gefallen.*

*Würd' neben Gott es and're geben,
die Kraft und Macht auch hätten,
ein jeder tät' zur Herrschaft streben -
wie wahr sie dann doch stritten.*[5]

*Gott ist es, Der die Körner spaltet,
dass sich das Grün entfaltet;
Der alles schöpft und dann verwaltet
und jeden Vorgang schaltet.*[6]

*Der wahrste Vers eines Gedichts
war: "Wahr ist außer Gott doch nichts!"*

---

4   Sure 2, Vers 284
5   Sure 23, Vers 91
6   Sure 6, Vers 95 u.a.

*Was hinter euch und was in euren Händen
darüber gut weiß Gott bescheid;
Sein Thron umfasst des Weltalls ferne Enden,
und Er bewahrt ihn ohne Schwierigkeit.*[7]

*Was in den Himmeln und auf Erden ist,
lobpreist den Einen,
und Er ist mächtig, kräftig, weise und gerecht,
und wollte Er, so würden alle sich vereinen,
doch manchen leitet Gott und manchen nicht.*[8]

*Wenn Gottes Hilfe kommt und auch der Sieg
in Scharen du die Menschen übertreten siehst,
dann fleh' zu deinem Herrn, dass er vergibt:
Er ist es ja, Der Reue liebt.*[9]

*Gott allein gebührt,
gerecht und wahr zu richten;
die neben Ihm verehrt,
vermögen dies mitnichten.*

---

7   Sure 2, Vers 255
8   Sure 57, Vers 1 & Sure 16, Vers 93
9   Sure 110

Das Lob sei Gott, dem Herrn der Welten,
Der gnädig und barmherzig ist;
Er wird entlohnen oder schelten
am Tag, der freudig oder schmerzlich ist.[10]

Könnt ihr es sprechen: "Gott ist einer, ist allein,
nichts und niemand' Er benötigt;
Er zeugt nicht und kann nicht selbst geboren sein;
Dass jemand sei wie Er ist schlicht unmöglich."[11]

Ruf Ihn bei der Herrschaft
oder Seinem Erbarmen,
niemand je hat mehr Kraft
oder schönere Namen.

So wie zur Erde fällt der Regen
und wie das Grüne kommt aus ihr,
so unerschöpflich Gottes Segen -
Sein Sinn für's Schöne brauchen wir.

---

10 Sure 1, Vers 2-4
11 Sure 112

Noch ehe Gott der Schöpfung gab die Form,
vorschrieb Er Sich in Seiner Schrift,
dass eh' der Mensch erfahre Seinen Zorn,
Gott lieber mit ihm gnädig ist.

Gott beachtet jenes nicht,
was ihr im Spiegel seht,
jedoch ist Seine Sicht
auf euer Herz gelegt.

Gott ist der Allvergebende
und liebt Vergebung sehr,
lasst sein uns danach Flehende,
was brauchen wir denn mehr?!

Der Diener Gottes sei
und nicht der falschen Götzen;
sag über Gott nicht: Drei.
Du sollst Ihn recht einschätzen.[12]

In jedem Winkel dieses Lebens
ist, was Gott entbehrt, vergebens.

---

12 Sure 4, Vers 171

Gott ist groß
und wir sind klein,
dienten doch bloß
wir Ihm allein.

Gott ist reich
und arm sind wir;
wer Ihn zum Feind
hat, der verliert.

Gott ist der Herr
und Versorger von allen;
dem Menschen doch will,
diese Sorge missfallen.

Gott ist gnädig,
gerecht und gut;
es ist der Mensch,
der Unrecht tut.

Gott ist der Schöpfer
und Bildner der Welt;
Er hat erschaffen,
was dem Menschen gefällt.

Gott hat die Kraft,
einfach alles zu tun;
der Mensch nicht mal schafft
zu verharren im Nun.

Gott weiß die Dinge,
die zu wissen bestimmt,
die Menschen und Dschinnen
in der Lage nicht sind.

Gott sieht alles,
was passiert;
es ist der Mensch,
der ignoriert.

Gott ist geduldig
und der Ausdauer Quelle;
doch die Menschen sind schuldig,
stets zu suchen die Schnelle.

Gott ist überlegen,
Er hält die Himmel umfasst;
dem Menschen hingegen
sind seine Schranken verhasst.

Gott ist vergebend,
der Verzeiher der Sünden;
wenn doch nur die Menschen
nicht auf ihnen bestünden.

Gott ist der Erhörer
eines jeden Gebetes;
der Mensch, der Empörer,
doch nur selten versteht es.

*Gott ist der Verleiher
von Weisheit und Huld;
den Menschen doch leider
fehlt es oft an Geduld.*

*Gott ist der Entscheider,
Der die Lose bestimmt;
die Menschen sind Neider,
die zufrieden nie sind.*

*Gott ist der Wahre,
Der dich führet zum Licht;
während Menschen oft Jahre
dich führ'n hinter's Licht.*

*Gott ist das Licht
von Himmel und Erde -
zu steht uns nicht,
vorzubringen Beschwerde.*

Gottes Engel, Bücher und Gesandte

Doch nein, ihr seid dem Diesseits zugewandt,
obwohl das Jenseits ist ein unnachahmlich Großes;
dieses ist, was auf den frühen Blättern stand -
den Blättern eines Abrahams und Moses'.[13]

Wär' Gottes Wort auf einen Berg herabgesandt,
ihr sähet ihn aus Gottesfurcht sich spalten -
solch Beispiel darf der Mensch erhalten,
damit es mehre den Verstand.[14]

Gottes Buch, ganz ohne Zweifel,
den Gottesfürchtigen führt;
es ist kein Wort vom bösen Teufel,
und der Reine nur es berührt.[15]

Verlese doch im Namen deines Herrn, Der schuf -
aus einem Klumpen Blut den Mensch Er schuf.
Verlese doch! Dein Herr ist der Geehrte,
Der mit Gebrauch der Feder lehrte -
den Menschen lehrte, was ihn zuvor nicht scherte.[16]

---

13 Sure 87, Vers 16-19
14 Sure 59, Vers 21
15 Sure 2, Vers 2 & Sure 56, Vers 79 u.a.
16 Sure 96, Vers 1-5

*Und wolltet ihr die Worte eures Herrn
aufschreiben,
und diente euch als Tinte auch ein Meer,
so würden zahllos viele Verse ungeschrieben
bleiben,
da würde euch das Tintenfass schon leer.*[17]

*Gott schämt sich nicht, ein kleines Bild zu
prägen,
und dient' auch eine Fliege als Vergleich,
und Seine Worte in das Herzen eines
Einzelnen zu legen,
der nichts vom Lesen wohl doch von Liebe
weiß.*[18]

*Muhammad ist der Vater eines eurer Männer
nicht,
wohl doch Gesandter Gottes und der letzte der
Propheten;
und es geziemt den Gläubigen, für ihn zu
beten,
so wie auch Gott auf ihn den Segen spricht.*[19]

---

17 Sure 18, Vers 109
18 Sure 2, Vers 26
19 Sure 33, Vers 40 & 56

*Herzen rosten wie Eisen
oder verhärten gar zu Stein,
doch Gottes Worte weisen
den Mensch an, gutherzig zu sein.*

*Ein Kreis der Juden gedachte,
den Sohn der Maria zu töten,
doch was Gott mit Jesus machte,
ging über deren Vermögen,
als Er das Ereignis vollbrachte,
diesen zu Sich zu erhöhen,
und den Zweifel somit entfachte
unter Vätern und ihren Söhnen,
ob am Kreuz, über das man wachte,
Jesus war, wie sie höhnen.*[20]

*Suchet nicht nach Helfern außer Ihm,
denn Er ist es, Der frei gibt und bemisst,
und Der euch lehrt, dass: "Alif, Lam, Mim,
an Seinem Buch in keinem Fall ein Zweifel ist."*[21]

---

20 Sure 4, Vers 157
21 Sure 2, Vers 1-2

Wär' der Qur'an von einem Menschenwesen,
es fänden sich gewiss so manche Mängel -
doch was von Gott geoffenbart durch einen Engel
ist Heilung für die Herzen jener, die ihn lesen.[22]

Es erklärte der Prophet nach einer
Abwehrschlacht:
"Wir gehen aus dem kleinen in den großen
Krieg!"
das hatte so manch' Begleiter nicht gedacht,
man hat die Feinde zwar doch nicht sein
Selbst besiegt.

Willst den Prophet du lieben -
für Armut rüste dich,
sei von der Welt geschieden,
mit Demut schütze dich.

Füllen wir die Seele doch,
mit Wasser, Honig, Milch und Wein,
der nicht berauscht, und lesen dann allein
die schweren Seiten im offenbaren Buch.

---

22 Sure 17, Vers 82

Als Aisha den Propheten beten sah
weinend, nachts, mit angeschwoll'nen Füßen,
als treu Ergebener wie es sein Wesen war,
da sagte sie: "Du hast doch nichts zu büßen!"
da wandte der Gesandte ein:
"Soll ich dankbar nicht sein?!"

GOTTES WERK UND DIE BESTIMMUNG

*Wenn unser Herr ein Ding entscheidet,
dann sagt Er "sei" und so es wird,
und wer mit Gottesfurcht sich kleidet,
der seine Hoffnung nie verliert.*[23]

*Gott schuf den Himmel auf Pfeilern,
die wir Menschen können nicht sehen;
und dennoch behaupten wir eisern,
wir könnten gar vieles verstehen.*[24]

*In einem Buche alles aufgezeichnet ist,
bevor Allah es sich ereignen lässt;
damit des Menschen Trauer nicht -
annehme übermäßiges Gewicht,
und dass die Güte, die gebracht,
ihn übermäßig froh nicht macht.*[25]

*Das Ziel ist wahr, die Frist ist festgesetzt -
es will Allah, dass man Ihn gut einschätzt*

---

23 Sure 36, Vers 82
24 Sure 31, Vers 10
25 Sure 57, Vers 22-23 & Sure 10, Vers 61

Was immer unser Herr bestimmt -
aus gutem Grunde es geschieht,
auch wenn der Mensch es anders sieht
und sich undankbar benimmt.

Aus einer Seele Gott den Menschen machte,
und hat ihr eine Partnerseele zugesandt,
die ihm Beruhigung seiner Augen brachte
und einander sind sie sich Gewand.[26]

Noch ehe ihr erblickt das Licht der Welt,
ist euer Schicksal festgeschrieben -
ihr könnt es hassen oder lieben:
Nur kurz ist euer Weilen unter'm
Himmelszelt.

Aus dem Tod bringt Leben Er hervor
und Totes macht Er aus dem Leben,
belebt die Erde, wo sie war tot zuvor -
so wird auch euch Er neues Leben geben.[27]

---

26 Sure 4, Vers 1 & Sure 2, Vers 187
27 Sure 36, Vers 33 u.a.

*In der Schöpfung von Himmel und Erde
und dem Wechsel von Nacht und Tag
liegen Zeichen dafür, das man werde
einsichtig, wenn man dies mag.*[28]

*Gott schuf den Menschen aus Erde
und bringt ihn dahin zurück
bis er vor Ihm stehen werde
zufrieden oder bedrückt.*[29]

*Wir kommen nach Adam
und nicht nach den Affen,
und einst wurde Adam
aus dem Staube erschaffen.*[30]

*Verzweifelt nicht, denn Gottes Gnaden
sind nah, wenn ihr euch zu Ihm kehrt -
ihr seid zu diesen eingeladen -
der Weg ist frei, den ihr versperrt.*[31]

---

28 Sure 3, Vers 190
29 Sure 23, Vers 12,15-16 u.a.
30 Sure 3, Vers 59
31 Sure 39, Vers 53

*Alles wird vergehen
und fortbestehen nicht
im kurzen Zeitgeschehen
bis auf Sein Angesicht.*[32]

*Nur Gott weiß von der Stunde
und wann sie bricht herein -
wir haben nicht mal Kunde,
was morgen wird wohl sein.*[33]

*Was Gott, der Herr,
uns schenkt und gibt,
erkennt nur der,
der denkt und liebt.*

---

32 Sure 28, Vers 88
33 Sure 31, Vers 34

Gottesdienst und gute Werke

*Es ist die Frömmigkeit
des Menschen schönste Tracht;
in wem sie also weilt -
sie diesen schöner macht.*[34]

*Oh ihr Vertrauende, ihr Gläubige: Gebt Acht!
Und schaut genau, was ihr nach vorne schickt.
Fürchtet Gott! Der über eure Taten wacht
Und auf die Absicht hinter diesen blickt.*[35]

*Wer bereut nach seiner Sünde
und strebt nach Frömmigkeit,
der bietet Gott die besten Gründe,
dass Dieser ihm verzeiht.*[36]

*Es wird Vergebung und Lohn geschenkt
demjenigen, der Gott im Stillen gedenkt.*[37]

---

34 Sure 7, Vers 26
35 Sure 59, Vers 18
36 Sure 25, Vers 70 u.a.
37 Sure 36, Vers 11

Wenn ein Mann das Gottgedenken liebt -
wen wundert es, dass er von Gott Geschenke
kriegt,
und dass das Leid, mit welchem Gott uns lehrt,
die Frömmigkeit von diesem Mann noch mehrt.

Strebt auf Gottes Wegen
mit allem, was ihr habt,
denn darin liegt der Segen
und Rettung für das Grab...

Strebt auf Gottes Pfaden
mit allem, was ihr seid,
so seid mit Gottes Gnaden
von Schulden ihr befreit...außer

Auf Gottes Pfaden wandelt,
gebt euren Reichtum her,
so habt ihr gut gehandelt -
denn was Gott gibt ist mehr.[38]

Wer stets auf Gottes Wegen wandelt,
hat Gottes Segen sich erhandelt.

---

38 Sure 5, Vers 35 u.a.

*Es preist Allah was in den Himmeln und auf
Erden -
ihr Gläubigen sollt doch zu solchen werden,
die immer machen was sie sagen
und auf dem Pfade Gottes schlagen
als würden sie einander tragen.
Und erst zu sagen und es dann zu lassen,
will Gott nicht lieben sondern hassen.*[39]

*Der höchste Reichtum jener ist,
dass Reichseinwollen man vergisst.*

*Zwei Sprüche, die Gott arg belieben,
die leicht sind auf der Zunge,
doch ziemlich auf der Waage wiegen,
von denen geb' ich Kunde:
„SubhanAllahi wa bi-hamdihi,
subhanAllahi-l-'azim"*[40]

*Gotteslob am Morgen und am Abend
und im Gebet zu Seiner Andacht steh'n,
an Seinen Worten hängen durstig, labend,
lässt dich das Licht am Schluss des Tunnels seh'n.*[41]

---

39 Sure 61, Vers 1-3
40 Ungefähre Übersetzung: „Preis und Lob sei Gott, gepriesen sei Gott, der Erhabene"
41 Sure 33, Vers 42

Sind wir auch reich an Sünden -
wie Schaum bedeckt das Meer,
wenn Gott wir suchen, finden -
durch Ihn Vergebung wir.

Es ist ein großes Hab und Gut:
bescheiden sein in Qual und Not.

Die Weisheit ist des Gläub'gen Eigentum,
so mag er, sie zu kriegen, Reisen tun.

Die Weisheit ist wie ein verirrtes Herdentier,
so suche sie und bring' sie heim zu dir.

Was ohne die Erinnerung an Gott verzehrt -
zur Mahlzeit Satans dies gehört.
So denkt daran bei jedem Essen:
Den Namen Gottes nicht vergessen.

Seid stets erpicht,
Verständnis zu erweitern -
seid ihr es nicht,
dann nämlich müsst ihr scheitern.

Der Mensch hat sich ein gutes Los verhängt,
wenn bis zum Tod das Beste er von seinem
Schöpfer denkt.

Wer seinen Nächsten liebt,
der gibt -
und wer ihn hasst,
verprasst.

Gebt ihr nicht her,
von solchem, was ihr liebt,
so wie wollt ihr,
dass Gott euch Güte gibt.[42]

Gott gab der Mutter hohe Ehre,
so dass Er schuf Sein schönes Paradies,
wo hinein niemals solcher kehre,
der seine Mutter von sich wies.

Die Reinheit ist der Schlüssel des Gebets
und das Gebet eröffnet das Vertrauen;
und wer auf Gott vertrauet stets,
der wird den Garten letztlich schauen.

---

42 Sure 3, Vers 92

Der Mund des Muslim, ob er es will,
soll sprechen Wahres oder sei still.

Die Tat, die an sich wohl und teuer,
verbrennt im Neid wie Stroh im Feuer

Da der Mensch im Innern auch verschmutzt,
sein Bruder ihm als Seelenspiegel nutzt.

Der wahrhaft Starke muss nicht Ringen,
wohl aber seinen Zorn bezwingen.

Der Mensch bemüht sich um Geduld,
bis Gott ihm diese gibt als Huld.

Wollt ihr harte Herzen lindern,
habt Liebe dann zu Waisenkindern.

Wollt ihr im Licht der Milde schimmern,
dann müsst um Waisen ihr euch kümmern.

*Gott und Seine Güte sind
beim Armen und beim Waisenkind.*

*Gott erfreut des Menschen treue Wende,
mehr als wenn dieser etwas Teures fände.*

*Zu beten kommt dem Baden gleich
im Fluss vor eurem Haus,
denn so wie dieser reinigt euch,
tut das Gebet es auch.*

*Geht behutsam durch das Dornenfeld,
seid wachsam auf dem schmalen Grat,
denn Wachsamkeit, die Gott gefällt,
ist nun für uns der einzig rechte Pfad.*

*Es ist des Glaubens großes Stück,
dass einer wünscht dem Bruder Glück.*

*Willst du wissen, ob etwas Sünde ist,
so stelle diese Frage deinem Herzen -
wenn alle Zweifel es verschwinden lässt,
gehört es zu den feinen Werken.*

*Ergeben sein bedeutet auch
zu lassen das, was man nicht braucht.*

*Wissen sucht, ihr Gottesdiener,
und müsstet ihr auch bis nach China.*

*Wenn Gott, der Höchste, euch erheben soll,
dann müsst ihr euer Schlechtes überwinden,
dass weder Gier noch Geiz noch Groll
euch an den Schlund der Hölle binden.*

*Wenn euren Nachbarn Hunger quält
und ihr seid satt - euch Glauben fehlt.*

*Der Verstorbene hat drei Begleiter:
Bekanntschaft, Reichtum, Taten -
die ersten zwei begleiten ihn nicht weiter;
doch letztere schon auf ihn warten.*

*Für Gott zu lieben und zu hassen,
für Ihn zu geben und zu unterlassen:
so macht man seinen Glauben voll,
dass stets man tut das, was man soll.*

Zu den Besten der gehört,
der Gottes Worte lernt und lehrt.

Gebt und geht nicht bettelnd durch das Land,
fürwahr: Die obere ist besser als die unt're Hand.

Dem Gottesdiener es gut steht:
Zu lassen, was ihn nichts angeht.

Du solltest jenes vermeiden,
was in dir Zweifel weckt,
und dich für das entscheiden,
worin kein Zweifel steckt.

Betet, fastet, spendet ihr Genossen,
Ihr müsst mit Frömmigkeit die Seele schmücken;
Und jede Träne, die aus Gottesfurcht vergossen,
Wird meterhohe Flammen nieder drücken.

Bemühe dich um deines Schöpfers Gunst,
und
begnüge dich, denn darin liegt die Kunst.

Wen Gott lässt die Religion verstehen,
hat einen Schatz, der niemals wird vergehen.

Gott schuf uns nur aus einem Grunde,
dass wir Ihm dienen bis zur Stunde.[43]

Erhebst du dich,
wird Gott dich unterstützen;
doch strebst du nicht,
bleibst du alleine sitzen.

Wer gut mit seiner Frau umgeht,
bei Gott in hoher Stellung steht.

Es liegt ein reicher Segen
darin, sich zu bewegen.

Gehöret stets zu jenen,
die nach dem Höchsten sehnen.

Eine Tat, auch wenn sie klein,
wird besser als riesige Worte sein.

---

43 Sure 51, Vers 56

Was du auch tust,
beginn's mit Gottes Namen
und ganz bewusst
und auch im rechten Rahmen.

Was du verpasst -
lass' nicht es dich betrüben;
denn was du hast,
es sollte dir genügen.

Bescheidenheit ist eine Zier,
durch die Gott öffnet Türen dir.

Wer sich mit Gottesfurcht bekleidet
und gerne große Sünden meidet,
der geht den rechten Pfad.

Wer nicht des ander'n Gabe neidet
und gerne mit den Armen leidet,
der teilt, was Gott ihm gab.

Und wer von dieser Welt sich scheidet
aus Sehnsucht nach des Himmels Seide,
der freut sich auf sein Grab.

Wenn einer stets die Schranken überschreitet,
doch bittet nebenher, dass Gott ihn leitet,
dann wird ihn Gott vielleicht erhören.

Doch wenn er von den eig'nen Freveln überzeugt,
sich ohne Tadel wähnt und nie bereut,
dann wird er Gottes Zorn hinab beschwören.

Vom Glauben und vom Leugnen

Geduldet euch mit jenen lieben Menschen,
die an Gott denken, wie es Ihm gebührt;
und meidet jene, die sich von der Welt getrieben wünschen,
dass eine Lüge sie zu Ehr' und Reichtum führt.[44]

Wie könnt im Undank ihr stolzieren,
wo euer Herr euch Leben gab,
darauf lässt Er es euch verlieren,
sodass ihr landet je im Grab,
dann wird Er euch zurück zitieren,
zu treffen Ihn an jenem Tag.[45]

Oh ihr undankbaren Leugner,
ich bin von eurem Dienst nicht angetan ;
gehorsam bin ich Gott und Ihm ein Treuer -
es folge also jeder seinem Lebensplan.[46]

---

44 Sure 18, Vers 28
45 Sure 2, Vers 28
46 Sure 109

Hartnäckig sucht ihr die Vermehrung
bis schließlich ihr das Grab erreicht;
umginget ihr nicht die Belehrung -
so wüsstet ihr vom Feuer gleich.[47]

Der Mensch kann lieben das,
wodurch er Schaden kriegt,
und ablehnen mit Hass,
worin ein Gutes liegt.
So will der Mensch den Kampf nicht lieben,
doch ist ihm dieser vorgeschrieben.[48]

Was soll dein Herr um dich Sich sorgen -
verschiebst du dein Gebet auf morgen.[49]

In dieser Lebensweise gibt es keinen Zwang;
Wer hofft, der tut es nur zu seinem Besten,
und jenen führt der Herr am rechten Pfad entlang,
so sicher wie Er bringt die Sonne in den Westen.[50]

---

47 Sure 102
48 Sure 2, Vers 216 (Mit Kampf ist das Verteidigen, der Kampf gegen Ungerechtigkeit und das Kämpfen gegen die eigenen Schwächen und Unzulänglichkeiten gemeint; und Allah weiß es besser)
49 Sure 25, Vers 77
50 Sure 2, Vers 256

Wollt ihr das, was schnell vergangen,
und ewig weilen nicht,
es wird zum Guten nicht gelangen,
denn es hat kein Gewicht;
doch nimmt euch euer Wunsch gefangen
im Feuer nicht im Licht;
ihr müsst im Schweiße badend bangen
und stehen vor Gericht.

Blind und taub und stumm -
so kehren sie nicht um...

Stumm und taub und blind -
so nicht gescheit sie sind...

Stumm und blind und taub -
der Rechtleitung beraubt.[51]

Säht des Propheten Freunde ihr,
so würdet verrückt ihr sie nennen;
und wenn sie euch denn sähen hier,
würden euren Islam sie nicht kennen.[52]

---

51 Sure 2, Vers 18 u.a.
52 Frei nach einem Ausspruch Hassan Basris

Zerbrechlich wie das Spinnenhaus
sieht auch der Dienst an Götzen aus -
trotz aller Mühen, die erbracht,
ist doch der Bau rasch eingekracht.[53]

Wollt ihr euch selbst für gläubig halten,
und wurdet nie geprüft mit Leid,
wie vor euch es geschah den Alten -
zu sehen, ob ihr ehrlich seid?![54]

Oh wahrlich, die beharrlich, harten Leugner,
ob Götzendiener oder Volk der Schrift,
sie befinden sich in einem starken Feuer,
das sie für alle ihre Sünden trifft.[55]

Doch jene, die vertrauen und das Gute tun,
sie sind das Beste, was der Herr erschuf;
sie soll'n in grünen Gärten neben Bächen ruh'n,
und "Frieden" hören sie als wohlbekannten Ruf.[56]

---

53 Sure 29, Vers 41
54 Sure 29, Vers 2-3 u.a.
55 Sure 98, Vers 6 u.a.
56 Sure 98, Vers 7-8 & Sure 56, Vers 26 u.a.

Manch einer sagt: "Gott gib mir hier"
doch vom Jenseits will er nichts wissen -
jener ist es, der gar arg wird verlier'n
und Unsägliches wird er vermissen.[57]

Die Ungerechten folgen nur
statt Wahrheit ihrer Neigung -
nie bringst du nun auf rechte Spur,
wem Gott gab keine Leitung?![58]

Der Mensch tut Unrecht immer wieder
gegen sich und andere -
so bleibt der Teufel leider Sieger
und plagt ihn insbesondere.

Gott bot einst das Vertrauenspfand
den Himmeln und der Erde an,
doch nur der Mensch ganz unverlegen
nahm dieses Angebot entgegen.[59]

---

57 Sure 2, Vers 200
58 Sure 28, Vers 50
59 Sure 33, Vers 72

*Im Schaden rufen Menschen gern
um Hilfe reumütig den Herrn -
kommt Dieser ihnen dann entgegen,
siehst viele du, sich wegbewegen -
sie danken dann, dem Herrn zum Spott,
einem anderen als Gott -
und trifft ihn Gutes, freut er sich,
doch trifft ihn Übles, scheut er sich
Gottes Gnade zu benennen
und die eig'ne Schuld zu kennen.*

*Nichts nutzt dem Menschen, als dass er sich
ergeben zeigt,
dass weder Furcht noch Trauer ihn berühren mag;
bleibt stets sein Herz dem Herrn der Welten
zugeneigt,
sodann kein Teufel oder Satan ihn zu verführen
wagt.*[60]

*Redet nicht schlecht von den Leuten,
denn diese sind besser vielleicht,
und die, die das Lästern nicht scheuen,
aßen förmlich der Leute ihr Fleisch.*[61]

---

60 Sure 2, Vers 38 u.a.
61 Sure 49, Vers 11-12

Da alles, was im All, im Kreis sich dreht,
so such' auch du dir einen Punkt der Mitte,
der dann bei dir in höchsten Ehren steht,
auf den sich zubewegt ein jeder deiner Schritte.
Und wenn du suchst, dann sei nicht selbstverliebt,
such' nach dem Wahren, Der dich nie verlässt,
Der dir den Irrtum und die Schuld vergibt,
und halte alle Zeiten an Ihm fest.

Verzehrt ihr ungerecht das Gut der Waise,
befehlt ihr nicht des Mittellosen Speise,
verkehrt ihr stur in unwissendem Kreise
und bleibt bei jedem Unrecht einfach leise,
begebet euch sodann doch auf die Reise,
und seht wie Gott verfuhr auf Seine Weise
mit jenen, die verkauft für kleine Preise
die Zeichen Gottes ohne jegliche Beweise.[62]

Zu heftig wollt ihr lieben
den Reichtum und die Frauen,
um dieses fort zu schieben
gereicht nur Gottvertrauen.[63]

---

62 Diverse Koranstellen
63 Sure 3, Vers 14

*Das Blut der Menschen der verzehrt,
der sein Gut durch Zins vermehrt.*

*Die reichen Gottesfeinde sprechen:
"Hätt's Gott gewollt, hätt' Er das Gold
verteilt!"
Sie merken nicht, wie sie die Wahrheit
brechen,
und dass ihr Reichtum sie nicht heilt.*

*Die Leute wären nie
mit deinem Weg zufrieden,
bevor du nicht wie sie
die Wahrheit hast gemieden.*[64]

*Die sturen Leute wollen dich
auf ihre Wege bringen;
doch über diese grolle nicht -
sie können dich nicht zwingen.*

*Wer stirbt und hat Gott beigesellt,
wird in dem Feuer braten,
doch wer dem Einem Gott gedient,
für diesen ist der Garten.*

---
64 Sure 2, Vers 120

Der Gläubige kennt keinen Schaden,
da wenn auch bloß ein Dorn ihn sticht,
ihm sicherlich durch Gottes Gnaden
eine Sündschuld wird gelöscht.

Hätt' der Mensch 'nen Berg aus Gold,
hätt' sicher er 'nen weiteren gewollt.

Frevel ist, den Muslim zu beschimpfen;
Heidnisch voll und ganz, ihn zu bekämpfen.

Ein hungriger Wolf unter Schafen,
der von ihnen versucht, eins zu rauben,
birgt für diese die gleichen Gefahren
wie die Gier für des Menschen Glauben.

Vertraut ihr ehrlich, ernst auf Gott,
wird Er für euer Leben sorgen,
seid wie die Vögel ihr geborgen:
Sie gehen hungrig raus am Morgen
und kehren heim am Abend satt.

So wie ein Haus auf Sand steht schlecht,
ist, was auf Sünde gründet, bleibend ungerecht.

*Der Gläubige im Diesseits wird
wie im Gefängnis warten;
Der undankbare Leugner wird
es lieben wie den Garten.*

*Bewundernswert der Gläubige:
Geschieht ihm das Erfreuliche,
so der Dank, den er empfindet,
ihn an den Lohn des Schöpfers bindet;
doch widerfährt ihm eine Prüfung,
so ist Geduld und deren Übung,
wenn er das Leid mit Fassung trägt,
zum Lohn des Schöpfers auch ein Weg.*

*Und wer gar unverschämt verschwendet,
weil ihn der ird'sche Schein geblendet,
der ist's, der innerlich erblindet,
weil Gott aus seiner Sicht verschwindet.*

*Wo ein Wille, da ein Weg -
im Guten wie im Schlechten;
doch stets das Gute wollen, hegt
nur einer der Gerechten.*

Macht zu begehren, ist verkehrt,
wie der Prophet uns hat gelehrt;
und außer Jinnen oder Menschen
wird dieses sich auch niemand wünschen.

So mancher tief in Widersprüchen lebt,
wo doch der Widerspruch der Einheit widerstrebt.

Gott lädt uns ein zum Frieden,
der Mensch sucht Streit und Krieg,
und niemals der wird siegen,
der Gottes Leitung mied.[65]

Wer giert - verliert
ein Stück vom Glück
und stirbt
am Ende ganz bedrückt.

Die Gott vertrauen und das Jenseits erwarten,
werden weder sich fürchten noch trauern;
doch jene, die in ihrem Leugnen verharrten,
müssen dieses bitter bedauern.[66]

---

65 Sure 10, Vers 25 & Sure 90, Vers 4 u.a.
66 Sure 2, Vers 62 u.a.

Was immer ihr an Geld verleiht,
damit der Zins es euch vermehre -
bei Gott vermehrt es sich zu keiner Zeit,
und führt zu Abscheu, nicht zu Ehre.[67]

Die Religion ist wahrlich leicht,
doch wer mit ihr will streiten,
den bezwingt sie darauf gleich,
so möge Gott euch leiten.

Es sind die Menschenleben nichts als Proben,
für Gott zu schauen, ob in dieser Zeit
die Menschen, die Er schuf, Ihn loben
oder verlogen leugnen Seine Herrlichkeit.[68]

Verschwender des Teufels Brüder sind,
die Spender da sehr viel klüger sind.[69]

Wenn anderen du dich erbarmst,
erbarmet Gott Sich deiner,
und ganz bestimmt du nie verarmst,
wenn immer Gott ist dein Herr.

---

67 Sure 30, Vers 39
68 Sure 67, Vers 2
69 Sure 17, Vers 27

Vom Diesseits

*Wie Nacht und Tag sich unterscheiden,
so sind auch Mann und Frau verschieden,
dass sie sich mit dem ander'n kleiden
und gemeinsam finden Frieden.*[70]

*Die Frau dem Mann ein Acker ist,
er muss sich um sie sorgen;
wenn er sie schützt und tapfer ist,
so fühlt sie sich geborgen.*[71]

*Das Diesseits einer Reise gleicht
zu eurer Heimat hin;
damit das Ziel ihr heil erreicht,
behaltet es im Sinn
und lasset nicht ablenken euch
von irdischem Gewinn.*

*Wenn du auch manche Waren hast,
bist trotzdem du im Wahren Gast.*

---

70 Sure 92, Vers 1-3 & Sure 2, Vers 187 & Sure 30, Vers 21
71 Sure 2, Vers 223

Barmherzigkeit und Liebe
sind zwischen Mann und Weib -
und trotz der Unterschiede
wär's besser wenn's so bleibt.[72]

Seid auf eine Zeit gespannt,
da Schafe sind das beste Gut -
zu scheuen der Verwirrung Glut,
zieht man mit ihnen durch das Land.

Ihr sucht beharrlich
die Betörung dieses Lebens -
doch ist dies wahrlich
nichts weiter als vergebens.

Hätte diese Welt Gewicht
des Flügels einer Fliege:
erlaubt wär' es dem Leugner nicht,
dass er von ihr was kriege.

Es ist der Mensch, der gern an Masse denkt,
wo doch die Pflicht ihn stets zum rechten
Maße drängt.

---

72 Sure 30, Vers 21

*Diese Welt ist totes Fleisch
und wem sie möchte munden,
der verkehre jetzt und gleich
mit Geiern und mit Hunden.*[73]

*Zu dieser Welt die Liebe
lenkt ab und raubt dir Geist -
es sind gemeine Diebe
bei Weitem nicht so dreist.*

*So wie der Tropfen nichts gegen das Meer -
und wie das Sandkorn im Vergleich zur
Wüste,
so ist das Diesseits nichts, das Jenseits
unbegreiflich mehr,
wenn doch der Mensch von dem Vergleich nur
wüsste.*

*Sei in der Welt ein Fremder,
der wie ein Wandersmann,
der zieht durch ferne Länder,
kommt nie zuhause an.*

---

73 Frei nach einem Ausspruch von Ali

Doch weil der Mensch die Oberfläche liebt,
und sie ihm täglich Gründe, blind zu bleiben gibt,
so kommt das Ziel, zu suchen Gottes Gnade,
für viele Menschen leider nicht in Frage;
doch geht der Drang, der ihnen angeboren,
zu suchen und zu dienen, nicht verloren -
sie nehmen das, was Gott gering einschätzt,
damit es Ihn in ihrem toten Herz ersetzt.

Der Mensch sucht nach des Lebens Schätzen
bis ihn der Tod erfasst,
um sich an diesen zu ergötzen,
weil er den Tod vergisst.

In dieser Welt geschäftig seid,
als käme nie der Tod;
doch dass für ihn man sei bereit,
ist Beten das Gebot.

Da die Welt, das Schauspiel Gottes, endet,
und dass sie einst mit einem Mal begann,
und wie dazwischen Gott uns Buntheit
spendet,
dies alles macht uns hoffentlich gespannt.

Vom Jenseits

Wenn das Ereignis sich ereignet,
dann gibt es keinen, der es leugnet.
Der Wahrheit liegt dann Lüge fern,
so preise stets den Namen deines Herrn.[74]

Es wird im Jenseits viel verlieren,
wer sich im Leben dieser Welt
lässt von den eig'nen Taten schmieren,
sodass er sich für heilig hält.[75]

Keine ungerechten Lasten
legt Gott den Seelen auf -
es wird nur auf den Knechten lasten,
was sie sich selbst erkauft.[76]

Gott wird den Gläub'gen tiefstes Grün
bereiten
und doch will mancher Seine Gunst
bestreiten.[77]

---

74 Sure 56, Vers 1-2 & 95-96
75 Sure 27, Vers 4-5
76 Sure 2, Vers 286
77 Sure 55, Vers 62-65

Heimkehre, du beruhigte Seele,
zufriedenstellend und zufrieden;
als Diener göttlicher Befehle
in Seinen grünen Garten Eden.[78]

Hast Kenntnis du von jenem schweren Tag,
an dem von Gott gehalten wird Gericht,
an dem Er alle über das belehren mag,
was sie getan haben oder nicht,
an dem sich niemand zu beschweren wagt
über das Urteil, welches Gott dann spricht;
und als Beweis hat, wie Gott Selbst es sagt,
die kleinste Tat bereits belastendes Gewicht.
Dann ist's die Seele selbst, die sich anklagt,
da sie beleuchtet wird von Gottes reinem Licht,
und heftig es an ihrem Schuldbewusstsein nagt
für jede von ihr nicht erfüllte Pflicht.[79]

Gott schuf für Seine guten Knechte
das, was kein Auge jemals sah,
was kein Gehör zum Hören brächte,
was in noch keinem Herzen war.

---

78 Sure 89, Vers 27-30
79 Diverse Koranstellen

Wenn Gott, der Herr, die Paradiesbewohner fragt:
"Wollt ihr noch mehr, als ihr schon habt?"
Da meinen sie: "Schon alles ist verliehen."
Dann zeigt Er Sich und alle sind zufrieden.

Ein Mann mit Furcht vorm Jüngsten Tage
fand nichts als Schuld auf seiner Waage;
jedoch als Gott an ihm was Gutes fand,
Er diesem Lohn für jede Sünde zugestand -
und als dies Urteil war gesprochen,
da sagte er, er hätt' doch mehr verbrochen.

Der Hölle letzter Platz –
Vor diesem fürcht' ich mich;
Des Gartens letzter Gast –
Bin hoffentlich doch ich.[80]

Am Tage des Gerichts
da hilft's dem Menschen nichts,
dass vieles er besaß,
wenn doch er Gott vergaß.[81]

---

80 Frei nach einem Ausspruch Umar bin al Khattab
81 Sure 70, Vers 11

Schluss mit den Lügen und Vorwänden,
Das Innere der Herzen stellt sich dar,
Ein jeder hält das Tatenbuch in seinen Händen,
so wird ihm alle Wahrheit offenbar.
Es richtet dann der Hüter der Bestimmung
Über der Menschen zeitweiligen Besuch;
Nimmt sich zum Zeugen die Gesinnung
Und als Richtschnur Sein ewigliches Buch.
Die einen wohl behütet schmausen,
die Unglückseligen in Feuerwänden hausen,
belogen von den Teufeln, den Verfluchten,
ist was sie fanden das bloß, was sie suchten.
Für sie sind siedend heiße Quellen
Und Dornenkraut als Proviant gedacht
Und in der Gegenwart, der klaren, hellen
Ist alles, was sie sagen können: "ach"[82]

Wenn die Seelen erst den Tod vernommen
und alle Sinne sich zu Höherem vertiefen,
dann wird die Wahrheit unverhohlen kommen,
und alle denken, dass sie vormals schliefen.

Es treten Völker in die Gärten ein
mit leichten Herzen nicht aus Stein.

---

82 Diverse Koranstellen

"Vergeben und vergessen!"
dass man von Gott dies hört,
ist nur die Hoffnung dessen,
den seine Sünde stört.

Im Schatten der Wahrheit,
an der Quelle des Lichts
gibt es zu fürchten
für den Gläubigen nichts.

Am großen Tag der Rechenschaft
muss jeder sich erklären;
auch jener der zeitlebens schafft,
darum sich nicht zu scheren.

Gebete

*Oh Gott,
wenn Du uns nicht verzeihst
und gnädig mit uns ist,
sind wir bestimmt geweiht
dem äußersten Verlust.*[83]

*Unser Herr, wir bitten Dich ganz fromm
um all das Gute, was uns hilft und nützt,
in dieser Welt und in der Welt, die kommt,
und dass Du uns vor Deiner Feuerstrafe schützt.*[84]

*Unser Herr, verderbe unsere Herzen nicht,
nachdem getrunken sie von Deinem Licht,
um Deine Gnade wir Dich ständig bitten,
da Du Der Einz'ge bist, Der sie uns kann
gestatten.*[85]

---

83 Sure 7, Vers 23
84 Sure 2, Vers 201
85 Sure 3, Vers 8

Mein Herr, beschirme mich vor lästernden
Satanen
und lasse nicht sie meine Schwächen ahnen.[86]

Oh Gott gib Augentrost mir
an Gattin und an Kind;
und mache uns zum Vorbild für
die, die gehorsam sind.[87]

Mach uns nicht traurig, Herr,
am Tag der Auferstehung,
doch mach die Waage schwer
und schenke uns Vergebung.

Oh Gott,
was gut ist – das vermehre uns;
was schlecht ist – das verwehre uns;
und mache, dass ein jeder Wunsch,
der uns verlässt, trifft deine Gunst.

---

86 Sure 23, Vers 97-98
87 Sure 25, Vers 74

Oh Gott,
Verlass' mich nicht ob meiner Schwächen,
lass' nicht mein Herz wie Stein erhärten -
lass' sehnen mich nach Deinen Gärten,
zu trinken dort aus Deinen Bächen.

Oh Gott,
was Du gibst,
kann keiner nehmen;
und was Du nimmst,
kann keiner geben;
und was bloß nutzt mir Erdenglück,
komm' ich nicht froh zu Dir zurück

Herstellung und Verlag:
BoD - Books on Demand, Norderstedt
ISBN 978-3-7357-5882-8